¡Conocimiento a tope!
Iniciadores científicos

¿Qué hace que se mueva?

Crystal Sikkens
Traducción de Pablo de la Vega

CRABTREE
PUBLISHING COMPANY
WWW.CRABTREEBOOKS.COM

Objetivos específicos de aprendizaje:

Los lectores:

- Definirán movimiento y fuerza, y entenderán que los objetos no se pueden mover sin una fuerza.
- Describirán diferentes tipos de empujes y tracciones y cómo la fuerza o la dirección de un objeto en movimiento pueden cambiar.
- Identificarán la idea principal del libro —las fuerzas hacen que los objetos se muevan— y recordarán ejemplos de empujes y tracciones.

Palabras de uso frecuente (primer grado) a, de, el, en, es, está, la, o, un, una	Vocabulario académico dirección, fuerza, gravedad, movimiento, naturaleza, opuestas

Estímulos antes, durante y después de la lectura:

Activa los conocimientos previos y haz predicciones:
Pide a los niños que lean el título y miren las imágenes de la tapa y la portada. Pregúntales:

- ¿De qué piensan que tratará el libro?
- Hagan una predicción: ¿qué hace a los objetos moverse?
- ¿De qué maneras se mueven los objetos? ¿De qué maneras te mueves tú?

Durante la lectura:
Después de leer las páginas 6 y 7, repasa su idea principal y ejemplos. Pregunta a los niños:

- ¿Qué necesitan los objetos para moverse?
- ¿Qué es una fuerza?
- ¿Pueden recordar un ejemplo de un empuje y otro de una tracción? ¿Pueden pensar en otros ejemplos de empujes y tracciones?

Después de la lectura:
Invita a los niños a investigar distintas fuerzas alrededor de ellos. Deberán identificar si un objeto se mueve a causa de un empuje o de una tracción. Extiende la actividad pidiendo a los niños que usen otra palabra o palabras del libro para describir el movimiento. Entre ellas están: fuerte, débil, natural y cambiando de dirección.

Author: Crystal Sikkens

Series development: Reagan Miller

Editor: Janine Deschenes

Proofreader: Melissa Boyce

STEAM notes for educators: Janine Deschenes

Guided reading leveling: Publishing Solutions Group

Cover and interior design: Samara Parent

Photo research: Crystal Sikkens and Samara Parent

Print coordinator: Katherine Berti

Translation to Spanish: Pablo de la Vega

Edition in Spanish: Base Tres

Photographs:

iStock: undefined undefined: p. 4; fstop123: p. 5; GOLFX: p. 8 (l); gyro: p. 13

Shutterstock: Josh Schutz: p. 16

All other photographs by Shutterstock

Library and Archives Canada Cataloguing in Publication
Title: ¿Qué hace que se mueva? / Crystal Sikkens ;
    traducción de Pablo de la Vega.
Other titles: What makes it move? Spanish
Names: Sikkens, Crystal, author. | Vega, Pablo de la, translator.
Description: Series statement: ¡Conocimiento a tope! Iniciadores científicos
    | Translation of: What makes it move? | Includes index. |
    Text in Spanish.
Identifiers: Canadiana (print) 20200300032 |
    Canadiana (ebook) 20200300040 |
    ISBN 9780778783978 (hardcover) |
    ISBN 9780778784098 (softcover) |
    ISBN 9781427126498 (HTML)
Subjects: LCSH: Force and energy—Juvenile literature. | LCSH:
    Motion—Juvenile literature. | LCSH: Dynamics—Juvenile literature.
Classification: LCC QC73.4 .S5518 2021 | DDC j531/.6—dc23

Library of Congress Cataloging-in-Publication Data
Names: Sikkens, Crystal, author. | Vega, Pablo de la, translator.
Title: ¿Qué hace que se mueva? / Crystal Sikkens ;
    traducción de Pablo de la Vega.
Other titles: What makes it move? Spanish
Names: Sikkens, Crystal, author. | Vega, Pablo de la, translator.
Description: New York : Crabtree Publishing Company, 2021. |
    Series: Conocimiento a tope! Iniciadores científicos | Includes index.
Identifiers: LCCN 2020034419 (print) |
    LCCN 2020034420 (ebook) |
    ISBN 9780778783978 (hardcover) |
    ISBN 9780778784098 (paperback) |
    ISBN 9781427126498 (ebook)
Subjects: LCSH: Force and energy--Juvenile literature. | Dynamics--
    Juvenile literature.
Classification: LCC QC73.4 .S535418 2021 (print) | LCC QC73.4 (ebook)
    | DDC 531/.11--dc23

Printed in the U.S.A./102020/CG20200914

Índice

Crabtree Publishing Company
www.crabtreebooks.com   1-800-387-7650

Copyright © **2021 CRABTREE PUBLISHING COMPANY**. All rights reserved. No part of this publication may be reproduced, stored in a retrieval system or be transmitted in any form or by any means, electronic, mechanical, photocopying, recording, or otherwise, without the prior written permission of Crabtree Publishing Company. In Canada: We acknowledge the financial support of the Government of Canada through the Canada Book Fund for our publishing activities.

Published in Canada
Crabtree Publishing
616 Welland Ave.
St. Catharines, Ontario
L2M 5V6

Published in the United States
Crabtree Publishing
347 Fifth Ave
Suite 1402-145
New York, NY 10016

Published in the United Kingdom
Crabtree Publishing
Maritime House
Basin Road North, Hove
BN41 1WR

Published in Australia
Crabtree Publishing
Unit 3 – 5 Currumbin Court
Capalaba
QLD 4157

¿Qué es el movimiento?

Piensa en las muchas maneras en las que los objetos se mueven. Algunos objetos ruedan o giran. Otros se balancean o rebotan.

Este balón de boliche está rodando. El niño también se está moviendo. Da un paso adelante.

Cuando un objeto se mueve, está en **movimiento**. El movimiento ocurre cuando algo se está moviendo de un lugar a otro.

Hay muchas cosas en movimiento en este jardín de juegos. ¿Puedes ver las cosas que están en movimiento?

Empuje y tracción

Un objeto no se puede mover sin una **fuerza**. Una fuerza puede ser de empuje o de tracción.

Un fuerza de empuje mueve a un objeto lejos de algo.
Este niño empuja la bola de nieve lejos de su cuerpo.

Una fuerza de tracción mueve un objeto hacia algo, lo jala.
Estos perros están jalando un trineo por un camino.

Usando las fuerzas

Usamos fuerzas todos los días para mover cosas.

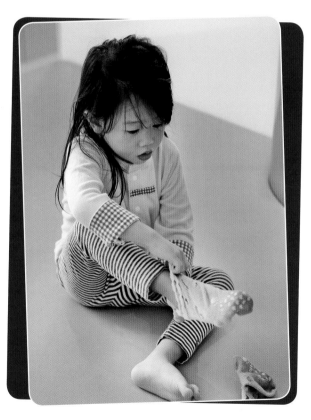

Usamos una fuerza de tracción, o jalamos, nuestros calcetines al vestirnos.

Usamos fuerzas de empuje y tracción cuando nos cepillamos los dientes.

¿Qué tipo de fuerza usamos cuando pateamos un balón?

¿Qué fuerza usa esta niña para abrir la puerta?

Comenzar y detenerse

Una fuerza es la causa de que un objeto comience a moverse. El objeto en movimiento se quedará en movimiento hasta que otra fuerza lo detenga.

Este jugador empuja la pelota de béisbol cuando la arroja.

Cuando esta jugadora atrapa la pelota,
la fuerza de su guante la detiene.

Cambiando de dirección

Una fuerza también puede cambiar la dirección de un objeto en movimiento.

Un **lanzador** arroja la pelota hacia el **bateador**.

Cambiar de dirección es comenzar a moverse por un camino diferente.

La bateadora usa su bate para empujar la pelota en otra dirección.

Las fuerzas en la naturaleza

¿Sabías que algunas fuerzas de empuje y tracción son creadas por la **naturaleza**?

El viento es una fuerza **natural** que puede empujar los veleros por el agua. Los veleros se mueven en la dirección hacia la que sopla el viento.

aspas

El viento empuja las aspas de un molino de viento y las hace girar.

Empujes y tracciones naturales

El agua en movimiento es una fuerza que puede empujar un bote por un río.

Estas personas están empujando con remos en el agua. Esto también ayuda al bote a moverse.

remo

La gravedad es una fuerza natural que jala los objetos hacia el centro de la Tierra. El centro de la Tierra está profundamente debajo del suelo.

Cuando saltas, la gravedad te jala de nuevo al suelo.

¿Qué tan fuerte?

La intensidad de una fuerza puede hacer que un objeto se mueva rápido o lento. Una fuerza puede ser fuerte o **débil**.

Un empuje ligero o débil en el columpio hace que se mueva lentamente. Un empuje más fuerte hace que se mueva más rápido.

Si un objeto es **pesado**, necesitará de una fuerza mayor para moverse.

¿Qué persona necesita jalar con más fuerza para hacer que el vagón se mueva? ¿Por qué?

Lento o detenido

Cuando dos fuerzas empujan o jalan en direcciones **opuestas**, pueden causar que un objeto en movimiento vaya más lento o se detenga.

Estos amigos están jalando la soga en direcciones opuestas. Cada grupo jala con la misma fuerza. ¡Las fuerzas opuestas hacen que todos dejen de moverse!

Un viento fuerte empujando contra ti mientras viajas en bicicleta hará que te muevas más lento.

Un balón arrojado hacia arriba irá más lento conforme sube. Esto es porque la gravedad lo jala hacia el suelo. Pronto, ¡cambia de dirección y baja rápidamente!

Palabras nuevas

bateador: sustantivo. Un jugador de béisbol que golpea la pelota con un palo llamado bate.

débil: adjetivo. Que tiene poca fuerza.

fuerza: sustantivo. Un empuje o una tracción.

lanzador: sustantivo. Un jugador de béisbol que arroja el balón al bateador.

movimiento: sustantivo. Que se mueve de un lugar a otro.

natural: adjetivo. Relacionado con la naturaleza.

naturaleza: sustantivo. Las cosas de la Tierra que no están hechas por la gente.

opuestas: adjetivo. Completamente diferentes entre sí.

pesado: adjetivo. Que tiene un peso alto.

Un sustantivo es una persona, lugar o cosa.

Un verbo es una palabra que describe una acción que hace alguien o algo.

Un adjetivo es una palabra que te dice cómo es alguien o algo.

Índice analítico

Sobre la autora

Crystal Sikkens ha estado escribiendo, editando y haciendo investigaciones fotográficas para Crabtree Publishing desde 2001. Ha ayudado en la producción de cientos de títulos de diversos temas. Recientemente escribió dos libros para la popular serie Be An Engineer.

Para explorar y aprender más, ingresa el código de abajo en el sitio de Crabtree Plus.

www.crabtreeplus.com/fullsteamahead

(página en inglés)

Tu código es:
fsa20

Notas de STEAM para educadores

¡Conocimiento a tope! es una serie de alfabetización que ayuda a los lectores a desarrollar su vocabulario, fluidez y comprensión al tiempo que aprenden ideas importantes sobre las materias de STEAM. *¿Qué hace que se mueva?* usa ejemplos contundentes para ayudar a los lectores a identificar y entender el concepto principal: que las fuerzas hacen que los objetos se muevan. La actividad STEAM de abajo ayuda a los lectores a expandir las ideas del libro para el desarrollo de habilidades científicas y de ingeniería.

Haz que se mueva

Los niños lograrán:
- Llevar a cabo pruebas y usar la fuerza adecuada para hacer que un objeto rodante se mueva de ciertas maneras.
- Entender que cambiar una fuerza puede cambiar cómo se mueve un objeto.

Materiales
- Hoja de trabajo «Haz que se mueva».
- Objetos de distintos tamaños y pesos que rueden, como una canica, una pelota de plástico, un rollo de papel vacío, un auto de juguete, un camión de juguete con peso en su plataforma.
- Barreras, como bloques o libros.

Guía de estímulos
Después de leer *¿Qué hace que se mueva?*, pregunta a los niños:
- ¿Por qué se mueven los objetos? Repasa la idea principal del libro: las fuerzas hacen que los objetos se muevan.
- ¿Qué es una fuerza? Repasa la definición: una fuerza es un empuje o una tracción.
- ¿Recuerdan ejemplos de empujes y tracciones en el libro? Repasa y anota los ejemplos mencionados por los niños.

Actividades de estímulo
Explica a los niños que explorarán empujes y tracciones. Su trabajo consistirá en hacer que un objeto rodante se mueva de cierta manera. Repasa algunas de las manera en las que los objetos se mueven.

Por ejemplo: rápido, lento, arriba, abajo, a la izquierda, a la derecha, da vuelta, se detiene. Repasa tipos de fuerzas, como fuerte o débil.

Los niños podrán trabajar en parejas o en grupos. Entrega a cada pareja o grupo una hoja de trabajo «Haz que se mueva» y objetos de tres diferentes pesos y tamaños. Cada pareja o grupo llenará la hoja de trabajo y probará sus objetos con distintas fuerzas, para hacer que se muevan de maneras distintas.

Cuando los niños hayan terminado, hablen sobre cómo fueron requeridas distintas fuerzas para mover los distintos objetos.

Extensiones
Pide a los niños que exploren retos de movimiento más complejos, tales como hacer que un objeto dé vuelta a una esquina, entre en una caja o se mueva sin tocarlo (explora las fuerzas naturales, como el viento y el agua). Habla sobre cómo los objetos se mueven y cambian de dirección.

Para ver y descargar las hojas de trabajo, visita **www.crabtreebooks.com/resources/printables** o **www.crabtreeplus.com/fullsteamahead** (páginas en inglés) e ingresa el código **fsa20**.